Susan Niessen

W0265045

Die Weihnachtsgeschichte

Mit Bildern
von Astrid Henn

ellermann

Vor etwa zweitausend Jahren wollte der Kaiser Augustus einmal ganz genau wissen, wie viele Menschen in seinem Reich lebten. Und weil er ein Kaiser war und machen konnte, was er wollte, befahl er allen Männern, in ihre Heimatstadt zu gehen und sich dort zählen zu lassen.

So kam es, dass Josef aus Nazareth
nach Bethlehem reisen musste.

Früh am Morgen holte Josef den Esel aus dem Stall. Der Weg nach Bethlehem war weit, und das Reisen war anstrengend damals, denn es gab noch keine Züge und keine Autos, und ein Pferd konnte Josef sich nicht leisten.

Josefs Verlobte Maria war schwanger und konnte nicht mehr gut laufen, aber allein lassen wollte er sie auch nicht. Deshalb reisten sie gemeinsam: Maria ritt auf dem Esel, Josef ging zu Fuß und führte den Esel an einem Strick neben sich her.

Als Maria und Josef in Bethlehem ankamen, war es schon dunkel. Die Straßen waren voller Menschen, denn Maria und Josef waren nicht die einzigen, die sich zählen lassen mussten. Josef ging von Tür zu Tür und fragte nach einer Unterkunft. Aber alle Herbergen waren besetzt.

»Wo sollen wir schlafen?«, fragte Maria. Sie waren müde und hungrig, die Nacht war kalt, und Josef taten die Füße weh.

»Versuchen wir's mal da!«, sagte Josef und zeigte auf eine kleine Hütte am Stadtrand.

»In einem Stall?«, fragte Maria.

Im Stall stand ein Ochse und muhte ihnen freundlich entgegen.
»Besser als nichts!«, sagte Josef. »Das Stroh hält uns warm, wir haben ein Dach über dem Kopf, und unser Esel hat Gesellschaft.«
Josef richtete ein Nachtlager im Stroh her, so gut es ging. Dann aßen sie die Reste des Brotes, das Maria für die Reise eingepackt hatte.
Draußen pfiff der Wind, Ochs und Esel schnauften an ihren Trögen, und Josef hatte durch ein Loch im Dach gerade einen besonders hellen Stern am Nachthimmel erblickt, da sagte Maria:
»Ich glaube, es ist so weit.«

So bekam
Maria in dieser Nacht
in einem kleinen Stall in Beth-
lehem ihr Kind. Sie nannten es Jesus. Weil es kein
Bett gab, wickelte Josef den Jungen in ein Stück Tuch
und legte ihn in die Futterkrippe der Tiere.

In derselben Gegend standen Hirten auf den Weiden und hielten Nachtwache bei ihren Schafen. Die Tiere waren ruhig, und die Nacht war klar, doch plötzlich wurde es hell, und ein Engel erschien. Die Hirten bekamen Angst.

»Fürchtet euch nicht!«, sagte der Engel. »Ich verkünde euch eine große Freude! In Bethlehem ist heute Jesus Christus geboren worden, der Sohn Gottes, der die Welt retten wird. Ihr werdet das Kind in Windeln gewickelt in einer Krippe finden.«

Der Himmel war auf einmal voller Engel, sie versprachen den Menschen Frieden und lobten Gott, während die Schafe unruhig hin und her liefen und die Hirten sich verwundert die Augen rieben.

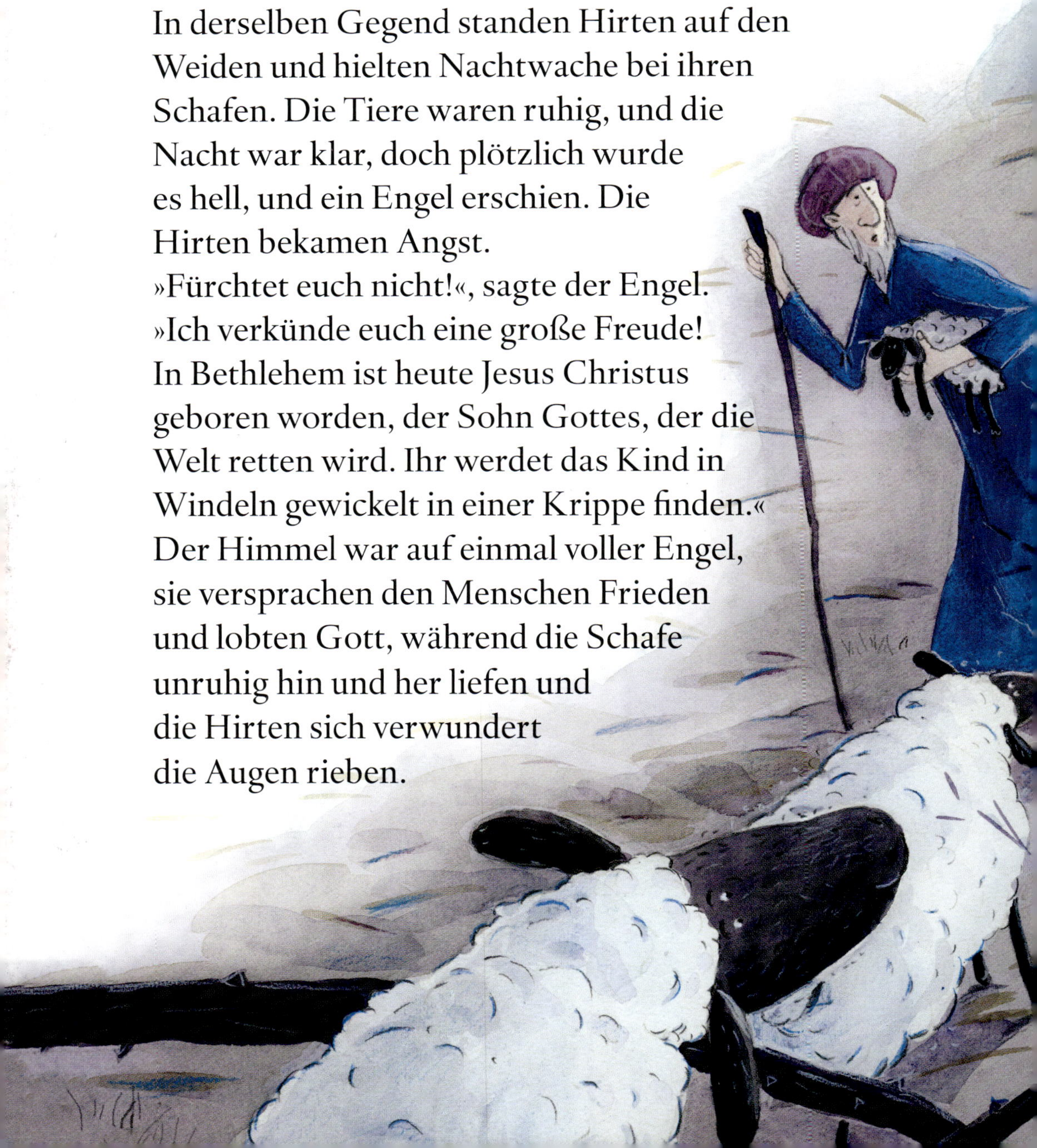

Dann verschwanden die Engel wieder, und die Hirten standen noch lange im Finstern und wussten nicht, was sie denken sollten.

»Lasst uns nach Bethlehem gehen«, schlug einer von ihnen schließlich vor, »und nachsehen, ob an der Geschichte etwas dran ist.«

So trieben die Hirten ihre Herden nach Bethlehem. Dort sahen sie einen Stern am Himmel, der war größer und schöner als alle anderen Sterne. Er stand genau über einem Stall am Rande der Stadt.
»Hier muss es sein«, sagten die Hirten und klopften vorsichtig an die Tür.

»Das ist er!«, sagten an einem ganz anderen Ort drei weise Männer, die in den Himmel sahen. Gerade hatten sie einen Stern entdeckt, der größer und schöner als alle anderen Sterne war. Auf diesen Stern hatten sie lange gewartet: Er sollte die Geburt eines Königs verkünden, der die Welt retten würde.

Die drei weisen Männer packten Geschenke ein und sattelten ihre Kamele. Sie hatten eine lange Reise vor sich, denn sie wollten sich auf die Suche nach dem neuen König machen.

Der Stern zeigte ihnen den Weg.

Das neugeborene Kind in der Krippe war gerade eingeschlafen, da klopfte es an der Stalltür. Josef erschrak. Wollte man sie vertreiben? Aber es standen Hirten vor der Tür, sie waren sehr durcheinander, redeten wirres Zeug von einem Engel und wollten das Kind sehen.

»Woher wisst ihr von unserem Kind?«, fragte Maria. Die Hirten erzählten, was der Engel ihnen gesagt hatte, und Maria und Josef wunderten sich sehr. Seltsame Dinge geschahen in dieser Nacht, die sie nicht verstanden. Aber wenigstens war es jetzt warm im Stall, die Hirten hatten Felle mitgebracht, und einer entfachte ein Feuer draußen vor der Tür.

Lange, sehr lange reisten die drei weisen Männer, durch die Wüste und über die Berge, durch Hitze und Kälte, immer dem Stern nach, der am Himmel vor ihnen herzog.

Die Kamele waren erschöpft, die Vorräte aufgebraucht, und die Männer wussten noch immer nicht, was sie am Ende ihrer Reise finden würden, da erreichten sie Bethlehem.

In Bethlehem fanden sie keinen Palast, sondern eine Hütte, keinen König in goldenen Kleidern, sondern ein schreiendes Kind in einer Futterkrippe. Aber über der Hütte stand der Stern, den sie in ihrem fernen Land hatten aufgehen sehen, größer und schöner als alle anderen Sterne. Da wussten die drei Weisen, dass sie am Ziel waren. Sie packten ihre Geschenke aus und verneigten sich vor dem neugeborenen König.

Am nächsten Tag machten sich die drei weisen Männer auf die Heimreise. Die Hirten waren längst wieder auf den Weiden, und auch Maria und Josef verließen den Stall, um nach Nazareth zurückzukehren. Dennoch war nichts mehr so, wie es einmal gewesen war. Sie alle wussten, dass eine neue Zeit begonnen hatte, und sie behielten es in ihren Herzen.